대한민국 법령 시리즈 436

금융혁신지원 특별법
(약칭 : 금융혁신법)

법령
시행령

해광출판사

머리말

이 책은 방대한 법전을 보지 않고 간편하게 해당되는 법령만 참고해서 볼 수 있도록 하였습니다. 공공기관이나 관련 종사자들이 쉽고 간편하게 대한 법령을 참조 할 수 있도록 하였습니다.

특히 해당법률은 물론 관련 시행령을 함께 실어 관련법을 서로 참고할 수 있게 하였습니다.

법률이라는 것이 크든 작든 항상 변하는 관계로, 출간 이후의 정확하고 최신의 법률은 법제처 국가법령정보센터에서 확인이 가능하니 법률의 실제 적용 시 확인이 필요한 점 유의하기를 바랍니다.

편집부

* 수록 법률은 법제처 국가법령정보센터에서 확인 가능합니다.
* 발행일 기준 시행 법률이므로 최신 법령은 위 센터에서 볼 수 있습니다.
* 본 책자에 수록된 법률의 문구에 대하여 법적인 효력은 없으며,
  실제 적용 법률은 위 센터에서 최신의 법률로 확인하시기 바랍니다.
* 해당 법령과 함께 시행령, 시행규칙도 수록되어 있습니다.
* 발행일 기준으로 개정 예정 법률은 밑줄로 별도 표시되어 있으며,
  보다 정확한 것은 법제처에서 확인하기 바랍니다.

목차

**개정 예정 법률 밑줄 별도 표시.

금융혁신지원 특별법
(약칭 : 금융혁신법)

[시행 2021. 7. 21.] [법률 제18117호, 2021. 4. 20., 일부개정]

제1장 총칙

제1조(목적) 이 법은 혁신적인 금융서비스의 개발과 발전을 촉진함으로써 금융소비자의 편익을 증대시키고, 금융서비스 관련 일자리 창출을 도모하여 국민경제에 이바지함을 목적으로 한다.

제2조(정의) 이 법에서 사용하는 용어의 뜻은 다음과 같다.

1. “금융관련법령”이란 별표에서 정하는 금융 관계 법률 및 대통령령으로 정하는 법령을 말한다.

2. “금융업”이란 「통계법」 제22조제1항에 따라 통계청장이 고시하는 한국표준산업분류에 따른 금융 및 보험업(「금융지주회사법」 제2조제1항제1호에 따른 금융지주회사가 아닌 지주회사는 제외한다)과 이와 밀접한 관련이 있는 업무로서 대통령령으로 정하는 업무를 말한다.

3. “금융회사등”이란 다음 각 목의 어느 하나에 해당하는 회사를 말한다.

가. 「은행법」에 따른 인가를 받아 설립된 은행

나. 「자본시장과 금융투자업에 관한 법률」에 따른 금융투자업자 및 종합금융회사

다. 「보험업법」에 따른 보험회사, 보험대리점(법인에 한정한다) 및 보험중개사(법인에 한정한다)

라. 「상호저축은행법」에 따른 상호저축은행

마. 「여신전문금융업법」에 따른 여신전문금융회사

바. 「금융지주회사법」에 따른 금융지주회사

사. 「한국산업은행법」에 따른 한국산업은행

아. 「중소기업은행법」에 따른 중소기업은행

자. 「한국수출입은행법」에 따른 한국수출입은행

차. 「농업협동조합법」에 따른 농협은행, 지역농업협동조합, 지역축산업협동조합, 품목조합과 농업협동조합중앙회

카. 「수산업협동조합법」에 따른 수협은행, 수산업협동조합과 수산업협동조합중앙회

타. 「산림조합법」에 따른 산림조합과 산림조합중앙회

파. 「신용협동조합법」에 따른 신용협동조합과 신용협동조합중앙회

하. 「새마을금고법」에 따른 새마을금고와 새마을금고중앙회

거. 「전자금융거래법」에 따른 전자금융업자 및 전자금융보조업자

너. 개별 법률에 따라 설립되어 금융업을 영위하는 공사 및 기금 등 대통령령으로 정하는 기관

4. "혁신금융서비스"란 기존 금융서비스의 제공 내용·방식·형태 등과 차별성이 인정되는 금융업 또는 이와 관련된 업무를 수행하는 과정에서 제공되는 서비스를 말한다.

5. "혁신금융사업자"란 제5조에 따라 혁신금융서비스 지정 신청을 한 회사로서 제4조에 따라 금융위원회가 혁신금융서비스로 지정한 금융서비스를 제공하는 회사를 말한다.

제3조(다른 법령과의 관계) ① 이 법은 금융관련법령에 우선하여 적용한다.

② 이 법에 따라 규제 적용의 특례를 인정받는 사항은 이 법에서 정한 사항을 제외하고는 해당 규제의 근거법령(해당 사항에 관하여 특례를 인정하지 아니하는 경우에 적용되는 법령을 말한다)을 따른 것으로 보아 그 법령을 적용한다.

제2장 혁신금융서비스의 지정 등

제4조(혁신금융서비스의 지정) ① 금융위원회는 제13조에 따른 혁신금융심사위원회의 심사와 제5조에 따른 혁신금융서비스 지정 신청과 관련 있는 행정 권한을 가지는 기관(이하 "관련 행정기관"이라 한다)의 동의를 거쳐 2년의 범위 내에서 혁신금융서비스를 지정할 수 있다.

② 제1항에 따라 혁신금융서비스로 지정하는 경우 다음 각 호의 사항을 포함하여야 한다.

1. 해당 혁신금융서비스의 종류, 내용 등 업무 범위에 관한 사항
2. 해당 혁신금융서비스 이용자의 범위 등 업무 대상에 관한 사항
3. 해당 혁신금융서비스의 업무방법에 관한 사항
4. 자료제출, 검사 등 감독에 관한 사항
5. 금융관련법령 중 적용이 배제되는 규정 등 규제 적용의 특례

에 관한 사항

6. 혁신금융서비스 지정의 효력기간(이하 "지정기간"이라 한다) 등 그 밖에 금융위원회가 필요하다고 인정하는 사항

③ 금융위원회는 제1항의 지정을 하는 경우 금융소비자 보호, 금융시장 및 금융질서의 안정 등을 위하여 필요한 조건을 붙일 수 있다.

④ 제1항에 따라 혁신금융서비스 지정을 받은 자는 대상 서비스의 변경, 서비스의 추가, 사정의 변경, 그 밖에 정당한 사유가 있는 경우에는 그 사유를 소명하는 서면을 제출함으로써 금융위원회에 제2항 및 제3항에 따른 사항의 변경 또는 취소를 신청할 수 있다. 이 경우 금융위원회는 2개월 이내에 변경 또는 취소 여부를 결정하고, 그 결과를 지체 없이 해당 혁신금융사업자에 서면으로 알려야 한다.

제5조(혁신금융서비스 지정 신청) ① 제4조에 따른 혁신금융서비스 지정을 받기 위한 신청을 할 수 있는 자는 다음과 같다.

1. 금융회사등

2. 국내에 영업소를 둔 「상법」상의 회사

② 금융위원회는 혁신금융서비스 지정 신청 기간을 금융 서비스별 또는 신청 회차별로 정하여 공고할 수 있으며, 혁신금융서비스 지정 신청을 하려는 자는 해당 공고에서 정한 기간 내에 신청하여야 한다.

③ 혁신금융서비스 지정 신청을 하려는 자는 금융위원회가 정하여 고시하는 신청서 양식에 따라 신청서를 작성하고 관련 증빙자료를 첨부하여 금융위원회에 제출하여야 한다.

④ 금융위원회는 신청서 검토 결과 미비사항이 발견되거나 소명이 부족한 경우 일정한 기간을 정하여 신청자에게 보완을 요구할 수 있으며, 신청자는 이에 응하여야 한다.

⑤ 금융위원회(혁신금융심사위원회를 포함한다)는 관련 행정기관이 있는 경우, 그 신청 내용을 관련 행정기관의 장에게 통보하여야 하며, 관련 행정기관의 장은 해당 신청 내용을 검토하여 그 결과를 30일 이내에 금융위원회에 문서로 회신하여야 한다.

제6조(혁신금융서비스 지정 공고) 금융위원회는 제4조제1항에 따라 혁신금융서비스를 지정하거나 같은 조 제4항에 따라 변경 또는 취소 결정을 내린 경우에는 지체 없이 그 내용을 관보에 게재하거나 인터넷 홈페이지 등을 이용하여 일반인에게 알려야 한다.

제7조(혁신금융서비스 지정 취소) ① 금융위원회는 다음 각 호의 어느 하나에 해당하는 경우에 관련 행정기관의 동의를 거쳐 혁신금융서비스 지정을 취소하거나 시정을 명할 수 있다. 다만, 제1호에 해당하는 경우에는 취소하여야 한다.

1. 거짓이나 그 밖의 부정한 방법으로 제4조에 따른 혁신금융서비스 지정을 받은 경우
2. 제13조제4항에 따른 심사기준을 충족하지 못하게 되는 경우
3. 혁신금융사업자가 제18조제1항 각 호를 위반한 경우
4. 혁신금융사업자가 이 법 또는 이 법에 의한 명령을 위반한 경우
5. 혁신금융사업자가 이 법에 따른 규제 적용의 특례를 인정받지 않은 규정을 위반한 경우

6. 혁신금융서비스가 금융시장 및 금융질서의 안정 또는 금융소비자의 이익을 현저히 저해하는 경우

7. 혁신금융서비스 목적 달성이 불가능할 경우

② 금융위원회가 제1항에 따라 혁신금융서비스를 지정 취소한 경우에는 제6조를 준용한다.

제8조(혁신금융서비스 지정 철회) ① 혁신금융사업자는 금융위원회에 혁신금융서비스 지정 철회를 요청할 수 있다.

② 금융위원회는 제1항에 따라 혁신금융사업자의 지정 철회 요청이 있는 경우, 제7조에 따라 혁신금융서비스 지정 취소를 할 수 있다. 이 경우 혁신금융사업자는 즉시 혁신금융서비스의 운영을 종료해야 한다.

③ 혁신금융사업자는 제2항에 따라 혁신금융서비스 지정 취소가 되어도 기존에 체결된 계약에 따른 의무를 성실하게 이행하여야 하며, 이행이 불가능한 경우 이용자의 동의를 얻어 계약을 조기에 종료하여야 한다.

제9조(지정기간의 만료) ① 혁신금융사업자는 혁신금융서비스 지정기간이 만료된 경우 혁신금융사업자로서의 지위를 상실한다. 다만, 혁신금융사업자는 지정기간 만료에도 불구하고 금융소비자 보호, 「금융위원회의 설치 등에 관한 법률」 제24조제1항에 따른 금융감독원(이하 "금융감독원"이라 한다) 및 이 법 제29조제1항에 따른 지정감독기관의 감독·검사 등을 위해 필요한 경우에는 그 필요한 범위 내에서 혁신금융사업자로서 의무를 준수하여야 한다.

② 지정기간이 만료된 경우 혁신금융사업자는 즉시 혁신금융서비

스의 운영을 종료하여야 한다.

제10조(지정기간의 연장) ① 금융위원회는 혁신금융서비스 지정기간을 연장할 필요가 있는 경우 그 지정기간을 한 차례만 2년 이하의 범위에서 연장할 수 있다. 〈개정 2021. 4. 20.〉

② 제1항에 따라 혁신금융서비스 지정기간을 연장받으려는 혁신금융사업자는 지정기간 만료일 3개월 전까지 연장사유를 소명하는 서면 및 혁신금융서비스 운영 결과를 첨부하여 금융위원회에 신청하여야 한다. 〈신설 2021. 4. 20.〉

③ 제2항에 따른 지정기간의 연장 신청이 있는 경우 혁신금융심사위원회는 지정기간의 만료일 이전에 연장 여부에 관한 심사를 완료하여야 하며, 금융위원회는 혁신금융심사위원회의 심사와 관련 행정기관의 동의를 거쳐 연장 여부를 결정하여 연장 신청을 한 혁신금융사업자에게 서면으로 통보하여야 한다. 〈개정 2021. 4. 20.〉

④ 제3항에 따른 지정기간의 연장 여부는 다음 각 호를 고려하여 심사한다. 〈개정 2021. 4. 20.〉

1. 신청서에 기재된 연장사유가 타당한지 여부

2. 이미 경과된 지정기간 중 해당 혁신금융서비스의 운영 성과

3. 지정기간 연장에 따라 금융시장 및 금융질서의 안정성이나 금융소비자 보호 등에 미칠 영향

4. 그 밖에 혁신금융심사위원회가 필요하다고 인정하는 사항

제10조의2(규제 개선의 요청 등) ① 혁신금융사업자(제10조에 따라 지정기간을 연장받은 자를 포함한다. 이하 이 조에서 같다)는 지정기간 만료일 3개월 전까지 규제 개선의 필요성 및 혁신금융서비스

운영 결과를 서면으로 첨부하여 제4조제2항제5호에 따라 특례가 인정되는 규제의 개선을 금융위원회와 관련 행정기관의 장에게 요청할 수 있다.

② 금융위원회 또는 관련 행정기관의 장은 제1항에 따른 혁신금융사업자의 요청이 있는 경우에는 지정기간의 만료일 이전에 혁신금융심사위원회의 심사를 거쳐 규제 개선의 필요성을 검토한 후, 금융시장 및 금융질서의 안정성이나 금융소비자 보호에 미치는 영향 등이 입증되어 금융관련법령 정비가 필요하다고 판단한 경우에는 즉시 금융관련법령 정비에 착수하여야 한다.

③ 금융위원회는 관련 행정기관의 장의 검토 결과와 달리 규제의 개선이 필요하다고 인정하는 경우에는 「행정규제기본법」 제17조·제17조의2에 따라 같은 법 제23조에 따른 규제개혁위원회(이하 "규제개혁위원회"라 한다)에 규제 정비를 요청하거나 의견을 제출할 수 있으며, 규제개혁위원회는 같은 법 제18조에 따라 심사할 수 있다.

④ 금융위원회 또는 관련 행정기관의 장은 금융관련법령의 정비에 착수하였으나, 정비의 필요성이 없어진 경우 혁신금융심사위원회의 심사를 거쳐 금융관련법령의 정비를 중단할 수 있다.

⑤ 금융위원회 또는 관련 행정기관의 장은 제2항 및 제3항에 따른 금융관련법령 정비의 착수 여부와 제4항에 따른 금융관련법령 정비의 중단 사실을 제1항에 따라 규제의 개선을 요청한 혁신금융사업자에게 통보하여야 한다.

⑥ 제5항에 따라 혁신금융사업자가 금융관련법령의 정비에 착수하였다는 통보를 받은 경우에는 금융관련법령의 정비가 완료되어 시

행될 때까지 혁신금융서비스 지정기간이 만료되지 아니한 것으로 본다. 다만, 인·허가 등의 근거가 되는 금융관련법령이 정비되어 인·허가 등의 절차가 필요한 경우에는 인·허가 등을 받을 때까지 혁신금융서비스 지정기간이 만료되지 아니한 것으로 보며, 혁신금융사업자는 지체 없이 인·허가 등을 신청하여야 한다.

⑦ 제6항에 따른 기간은 혁신금융서비스 지정기간이 만료된 날부터 6개월을 초과할 수 없다. 다만, 금융위원회 또는 관련 행정기관의 장이 해당 기간 내에 금융관련법령의 정비를 마칠 수 없다고 판단하는 경우에는 2회에 한정하여 각각 6개월의 범위에서 그 기간을 연장할 수 있다.

⑧ 제1항부터 제7항까지의 규정에 따른 규제 개선의 요청과 금융관련법령 정비 등의 구체적인 절차·방법 및 그 밖에 필요한 사항은 금융위원회가 정하여 고시한다.

[본조신설 2021. 4. 20.]

제11조(혁신금융서비스의 중지 및 변경) ① 금융위원회는 혁신금융서비스가 금융소비자의 피해를 야기하거나 금융시장의 불안 또는 금융질서의 문란을 유발하는 등 지정 당시 예상하지 못했던 문제가 발생하는 경우 관련 행정기관의 동의를 거쳐 해당 혁신금융사업자에게 해당 서비스를 중지하도록 명령(이하 "중지명령"이라 한다)하거나 제4조제2항·제3항에 따른 기존의 결정 사항을 변경(이하 "변경결정"이라 한다)할 수 있다.

② 제1항에 따른 중지명령을 받은 혁신금융사업자는 1개월 이내에 신속하게 보완책을 마련하여 금융위원회와 협의하여야 하며, 금

융위원회는 보완책의 실효성·적절성 등에 관한 혁신금융심사위원회의 심사 결과 및 잔여 지정기간 등을 고려하여 서비스의 재개를 허용할 수 있다.

③ 금융위원회가 지정기간 내에 제2항에 따라 서비스의 재개를 허용하지 않는 경우 해당 혁신금융사업자는 지정기간 만료 시에 혁신금융사업자로서의 지위를 상실한다.

④ 제1항의 중지명령에 따른 혁신금융서비스의 중지는 금융소비자가 혁신금융사업자에 대하여 가지는 손해배상청구권의 행사 및 소멸시효 등에 영향을 미치지 아니한다.

⑤ 제1항 및 제2항에 따른 중지명령 및 변경결정, 서비스 재개 허용이 있는 경우 제6조를 준용하며, 변경결정은 혁신금융사업자가 그 통보를 받은 날부터 제4조에 따른 지정의 일부로 간주된다.

제12조(허위 광고 등의 금지) 누구든지 제4조에 따른 혁신금융서비스 지정을 받지 아니하고 그 지정을 받은 것처럼 허위로 광고하거나 그 밖에 소비자의 오인을 야기하는 행위를 하여서는 아니 된다.

제3장 혁신금융심사위원회

제13조(혁신금융심사위원회의 설치 및 구성 등) ① 금융위원회는 제5조에 따른 혁신금융서비스 지정 신청 사항을 심사하기 위하여 혁신금융심사위원회를 둔다.

② 혁신금융심사위원회는 위원장 1명을 포함한 25명 이내의 위원으로 구성하며, 혁신금융심사위원회의 위원장은 금융위원회 위원장이 된다.

③ 혁신금융심사위원회 위원은 금융위원회 소속 공무원 중에서 대통령령으로 정하는 사람과 다음 각 호에 해당하는 사람을 포함하여 금융위원회 위원장이 임명하거나 위촉한다.

1. 혁신금융서비스 지정 심사와 관련된 중앙행정기관의 차관 또는 차관급 공무원으로서 해당 기관의 장이 지명하는 사람

2. 대학교 부교수 이상으로 또는 기술·금융 관련 연구소에서 7년 이상 근무하였거나 근무하고 있는 사람

3. 기술·금융 관련 업계에서 임직원으로 7년 이상 근무하였거나 근무하고 있는 사람

4. 법률 분야에 대한 학식과 경험이 있는 사람으로서 7년 이상의 경력이 있는 사람

5. 소비자보호 분야에 대한 학식과 경험이 있는 사람으로서 7년 이상의 경력이 있는 사람

6. 그 밖에 대통령령으로 정하는 사람

④ 혁신금융심사위원회는 다음 각 호의 기준을 고려하여 혁신금융서비스 지정 신청을 심사한다.

1. 해당 금융서비스를 제공하려는 자가 국내 금융시장에서 주된 활동을 하는 것을 목표로 하고 있는지 여부

2. 해당 금융서비스가 기존의 금융서비스와 비교할 때 충분히 혁신적인지 여부

3. 해당 금융서비스의 제공에 따라 금융소비자의 편익이 증대되는지 여부

4. 이 법에 따른 규제 적용의 특례 없이도 금융관련법령에 따라

해당 금융서비스를 제공할 수 있거나, 특례를 적용할 경우 특례가 적용되지 않는 규제를 회피하거나 우회하는 결과를 초래하는지 여부

5. 신청자가 해당 금융서비스를 적절히 영위할 자격과 능력을 갖추었는지 여부

6. 영위하고자 하는 금융서비스의 범위 및 업무방법이 구체적이며 사업계획이 타당하고 건전한지 여부

7. 다음 각 목의 금융소비자 보호 및 위험 관리 방안 등이 충분한지 여부

가. 이용자의 범위 또는 이용자 수, 건별 거래 금액의 한도, 고객별 거래 횟수 등에 대한 제한 방안

나. 제20조제1항 및 제2항에 따른 위험 고지 및 동의 수령 방안

다. 제28조에 따른 분쟁 처리 및 조정 방안

라. 지정기간 동안 발생할 수 있는 금융소비자 피해 및 위험을 예방하기 위한 방안

마. 책임보험 가입 등 손해배상책임의 이행을 보장하기 위한 방안

바. 지정기간 종료 이후 발생할 수 있는 금융소비자 피해 및 위험을 예방하기 위한 방안

사. 그 밖에 개인정보의 보호 및 처리 등 금융소비자 보호 및 위험 관리 등을 위하여 필요한 사항으로서 금융위원회가 정하여 고시하는 사항

8. 해당 금융서비스로 인하여 금융시장 및 금융질서의 안정성이 현저히 저해될 우려 등이 있는지 여부

9. 해당 금융서비스가 금융관련법령의 목적 달성을 현저히 저해할

우려 등이 있는지 여부

⑤ 혁신금융심사위원회는 혁신금융서비스 지정기간 만료 이후 혁신금융서비스를 지속적으로 제공하기 위하여 필요하다고 인정하는 경우 금융위원회 및 관련 행정기관에 법령의 제·개정을 권고할 수 있다.

⑥ 그 밖에 혁신금융심사위원회의 구성 및 운영에 필요한 사항은 대통령령으로 정한다.

제14조(심사기간) ① 혁신금융심사위원회는 금융위원회가 제5조제3항에 따라 신청서 등을 접수한 날부터 30일 이내에 심사를 완료하여야 한다. 다만, 같은 조 제4항에 따라 금융위원회가 신청서 등에 대한 보완을 요청한 경우 보완에 소요되는 기간은 해당 심사기간에 산입하지 아니한다.

② 혁신금융심사위원회(금융위원회를 포함한다)는 최대 2회, 최장 60일의 기간 범위 내에서 제1항의 심사기간을 연장할 수 있다.

③ 제1항 및 제2항에 따른 전체 심사기간은 제1항 단서에 따른 보완에 소요되는 기간을 포함하여 90일을 초과할 수 없다. 다만, 혁신금융심사위원회(금융위원회를 포함한다)는 해당 전체 심사기간을 1회에 한하여 30일 이내로 연장할 수 있다.

제15조(의견청취) ① 혁신금융심사위원회는 심사의 공정과 효율성을 기하기 위하여 신청자, 이해관계자, 관련 분야 전문가 등의 의견을 청취할 수 있다. 이 경우 혁신금융심사위원회는 해당 의견 청취를 위하여 토론회나 공청회 등을 개최할 수 있으며, 신청자, 이해관계자, 관련 분야 전문가, 관련 행정기관과 그 권한을 위임받거나 위탁

받은 법인·단체 또는 그 기관이나 개인 등으로 하여금 심사 기일에 출석하거나 서면으로 의견을 제출하도록 할 수 있다.

② 혁신금융심사위원회는 토론회, 공청회 등을 개최하고자 하는 경우 그 개최일부터 10일 전까지 관련 당사자에게 서면으로 통보하고 인터넷 홈페이지 등을 통해 일반인에게 알려야 한다.

③ 신청자, 이해관계자, 관련 분야 전문가 등은 토론회, 공청회 등에 참석하여 직접 의견을 제출할 수 있으며, 그로부터 5일 이내에 서면으로 의견을 제출할 수 있다.

④ 혁신금융심사위원회는 제3항에 따라 의견을 제출한 자에게 서면으로 그 결과를 통보하거나 인터넷 홈페이지 등을 통해 알려야 한다.

⑤ 금융위원회는 신청자와 이해관계자를 제외한 관련 분야 전문가 등이 혁신금융심사위원회의 요청에 따라 토론회, 공청회 등에 참석하거나 심사 기일에 출석하거나 서면으로 의견을 제출하는 경우 예산의 범위 내에서 수당, 여비 등 필요 경비를 지급할 수 있다.

제4장 혁신금융사업자에 대한 규제 적용의 특례 등

제16조(혁신금융사업자의 업무범위) 혁신금융사업자는 다음 각 호의 어느 하나에 해당하는 경우 제4조에 따라 지정받은 범위 내에서 해당 혁신금융서비스를 영위할 수 있다.

1. 혁신금융서비스에 적용되는 기준·요건 등이 금융관련법령에 없거나 관련 규정을 혁신금융서비스에 적용하는 것이 적합하지 아니한 경우

2. 혁신금융서비스의 허용 여부가 불명확하거나 혁신금융서비스를 영위할 수 있는 근거가 되는 금융관련법령이 없는 경우

제17조(혁신금융사업자에 대한 규제 적용의 특례) ① 혁신금융사업자가 지정기간 내에 영위하는 혁신금융서비스에 대해서는 사업 또는 사업자의 인허가·등록·신고, 사업자의 지배구조·업무범위·건전성·영업행위 및 사업자에 대한 감독·검사와 관련이 있는 금융관련법령의 규정 중 제4조제2항제5호에 따라 특례가 인정되는 규정은 적용하지 아니한다.

② 제1항에도 불구하고 금융위원회는 제4조제2항제5호에 따라 특례를 인정할 경우 금융소비자의 재산, 개인정보 등에 회복할 수 없는 피해가 예상되거나 금융시장 및 금융질서의 안정성이 현저히 저해될 우려 등이 있는 금융관련법령상 규정에 대하여 특례를 인정할 수 없다.

제18조(혁신금융사업자의 의무) ① 혁신금융사업자는 혁신금융서비스를 영위함에 있어서 다음 각 호의 사항을 준수하여야 한다.

1. 제4조제1항에 따른 지정 및 제4조제4항·제11조제1항에 따른 변경결정의 내용

2. 제4조제3항에 따라 금융위원회가 부과한 조건

3. 그 밖에 개인정보의 보호 및 처리 등 금융소비자 보호, 금융시장 및 금융질서의 안정 등에 관한 사항으로서 금융위원회가 정하여 고시하는 사항

② 혁신금융사업자는 다음 각 호의 구분에 따라 혁신금융서비스의 운영 경과보고서를 금융위원회에 제출하여야 한다.

1. 초기보고서: 혁신금융서비스 지정기간으로부터 30일이 경과한 날부터 10일 이내에 제출

2. 중간보고서: 혁신금융서비스 지정기간의 2분의 1이 경과한 날부터 30일 이내에 제출

3. 최종보고서: 혁신금융서비스 지정기간 만료일의 30일 이전까지 제출

③ 제2항에 따른 초기보고서, 중간보고서, 최종보고서에 포함되어야 할 사항은 다음 각 호와 같다.

1. 해당 기간의 혁신금융서비스 이용 건수 및 총 거래액수

2. 해당 기간 혁신금융서비스 이용자의 수 및 특징

3. 해당 기간 혁신금융서비스와 관련하여 발생한 금융사고 또는 이용자로부터의 손해배상청구 등 분쟁 현황

4. 해당 기간 이후의 혁신금융서비스 운영 계획

5. 최종보고서의 경우 제17조제1항에 따라 특례 적용을 받고 있는 규제의 준수계획

6. 그 밖에 금융위원회가 정하여 고시하는 사항

④ 제10조제1항에 따라 지정기간의 연장이 있는 경우 당초의 지정기간을 기준으로 한 최종보고서는 중간보고서로 대체하며, 연장 결정 시에 달리 정하지 않는 한 그 연장된 기간에 대해서도 제2항에 따른 중간보고서와 최종보고서를 제출하여야 한다. 〈개정 2021. 4. 20.〉

⑤ 제10조의2제6항에 따라 지정기간이 만료되지 아니한 혁신금융사업자는 제2항에 따른 중간보고서와 최종보고서를 금융위원회가

정하여 고시하는 기간 내에 제출하여야 한다. 〈신설 2021. 4. 20.〉

⑥ 혁신금융사업자는 제1항 각 호에 따른 의무이행 및 혁신금융서비스 운영에 지장이 발생하는 경우 지체 없이 금융위원회에 보고하여야 한다. 〈개정 2021. 4. 20.〉

⑦ 혁신금융사업자는 제2항 및 제6항의 보고 결과에 따른 금융위원회의 명령을 적절히 이행하여야 한다. 〈개정 2021. 4. 20.〉

제19조(금융소비자 보호 및 위험 관리 방안 마련·준수) ① 혁신금융사업자는 제18조제1항 각 호의 내용을 반영하여 금융소비자 보호 및 위험 관리 등을 위한 방안을 마련하고 이를 준수하여야 한다.

② 제1항의 금융소비자 보호 및 위험 관리 등을 위한 방안에는 제13조제4항제7호 각 목의 사항이 포함되어야 한다.

제20조(위험 고지 의무) ① 혁신금융사업자는 지정기간 중 혁신금융서비스를 제공함에 있어 사전에 이용자에게 해당 서비스가 시험운영 중이며 그로 인해 예상하지 못했던 위험이 발생할 수 있음을 고지하여야 한다.

② 혁신금융사업자는 제1항에 따른 위험 고지 후 이용자에게 시험운영하는 서비스를 제공받는 것에 대한 동의를 받아야 한다.

③ 제1항 및 제2항의 조치는 혁신금융사업자가 이용자에 대해 부담하는 법률적 책임에 영향을 미치지 아니한다.

제21조(혁신금융사업자의 인·허가 등의 신청 등) ① 혁신금융사업자는 지정기간 만료 이후에 금융관련법령에 따라 해당 혁신금융서비스를 계속해서 영위하기 위하여 지정기간 만료 이전에 금융관련법령에 따른 인·허가 등을 신청할 수 있다.

② 제1항에 따라 혁신금융사업자가 인·허가 등을 신청하는 경우, 혁신금융심사위원회는 다음 각 호의 요건을 모두 고려하여 해당 인·허가 등의 요건 중 일부 또는 전부의 충족 여부에 대한 의견을 금융위원회 및 관련 행정기관에 제시할 수 있다.

1. 혁신금융심사위원회가 제18조에 따라 제출된 보고서에 대한 평가 등을 토대로 혁신금융서비스 지정 목적이 달성되었다고 판단할 것

2. 혁신금융사업자가 혁신금융심사위원회에 지정기간 중에 유예되었던 금융규제를 준수할 수 있음을 입증하는 서면을 제출하였을 것

③ 제1항에 따라 인·허가 등을 받은 혁신금융사업자는 해당 금융관련법령에 따라 금융업 등을 영위할 수 있다. 다만, 혁신금융서비스 지정기간 중 체결된 거래에 대해서는 그 이행이 완료될 때까지 이 법을 적용한다.

제22조(혁신금융사업자의 합병 등) ① 이 법에 따라 혁신금융서비스 지정을 받은 혁신금융사업자에게 합병, 전환 등으로 인한 조직 변경이 있는 경우 해당 혁신금융서비스 지정의 효력은 상실된다. 다만, 변경 후 존속하는 사업자의 신청에 따라 금융위원회가 기존 혁신금융서비스 지정에 관한 변경 결정을 한 경우에는 그러하지 아니하다.

② 제1항의 경우에는 제6조 및 제9조를 준용한다.

제5장 금융혁신 지원제도

제23조(배타적 운영권) ① 혁신금융사업자는 제4조제1항에 따른 지정을 거쳐 제21조에 따라 인·허가 등을 받은 경우 혁신금융서비스

를 배타적으로 운영할 권리(이하 "배타적 운영권"이라 한다)를 가진다.

② 제1항에 따른 배타적 운영권은 인·허가 등을 받은 날부터 2년의 범위에서 금융위원회 및 관련 행정기관이 정하는 기한까지 존속한다.

③ 혁신금융사업자는 제2항에 따른 배타적 운영기간 중에 다음 각 호에 해당하는 행위를 하거나 할 우려가 있는 자에 대해 금융위원회 및 관련 행정기관에 배타적 운영권 보호에 관한 조치를 요구할 수 있다.

1. 해당 혁신금융서비스와 내용·방식·형태 등이 실질적으로 동일한 금융서비스를 제공하는 행위

2. 해당 혁신금융서비스의 명성을 침해하면서 이와 유사한 서비스에 직접 또는 간접적인 방법으로 상업적으로 이용하는 행위

④ 금융위원회 및 관련 행정기관은 혁신금융사업자가 제3항에 따른 요구를 한 경우 배타적 운영권의 보호를 위하여 제3항 각 호에 해당하는 행위를 하거나 할 우려가 있는 자에 대하여 해당 서비스의 시정 또는 중지 명령을 할 수 있다.

제24조(규제 신속 확인) ① 혁신금융서비스를 제공하려는 제5조제1항제1호 또는 제2호에 해당하는 자는 금융위원회에 법령 등(법령, 법령에서 위임한 사항이나 그 시행에 필요한 사항을 정한 행정규칙, 그 밖에 행정기관에 권한을 부여한 모든 규정을 말한다)의 적용 여부 등을 확인(이하 "규제 신속 확인"이라 한다)해 줄 것을 신청할 수 있다.

② 금융위원회는 제1항에 따른 규제 신속 확인 신청에 대해 30일 이내에 회신하여야 한다. 다만, 금융위원회가 신청서 등의 보완을 요청한 경우 보완에 소요되는 기간 및 제3항에 따라 다른 행정기관의 회신에 소요되는 기간은 해당 기간에 산입하지 아니한다.

③ 금융위원회는 제1항에 따른 신청이 다른 행정기관 소관사항인 경우 해당 행정기관의 장에게 통보하여야 하며, 해당 행정기관의 장은 통보를 받은 날부터 30일 이내에 소관 업무 여부 및 법령 등의 적용 여부를 금융위원회에 회신하여야 한다. 다만, 해당 행정기관이 신청서 등의 보완을 요청한 경우 보완에 소요되는 기간은 해당 기간에 산입하지 아니한다.

④ 회신에 소요되는 총 기간은 제2항에 따라 보완에 소요되는 기간, 제3항에 따라 다른 행정기관의 회신에 소요되는 기간을 포함하여 90일을 초과할 수 없다. 다만, 금융위원회는 해당 기간을 1회에 한하여 30일 이내로 연장할 수 있다.

⑤ 금융위원회와 제3항에 따른 해당 행정기관의 장은 제1항에 따른 신청에 대한 검토 결과 소관 법령 등에 따른 인·허가, 등록 또는 신고 등(이하 이 조에서 "인허가등"이라 한다)이 필요하다고 판단할 경우에는 인허가등에 필요한 조건 및 절차 등을 함께 회신하여야 하며, 제1항의 신청자가 그 내용에 따라 인허가등을 신청할 경우 관계 법령에 따라 신속히 처리하여야 한다.

⑥ 제1항부터 제5항까지에서 규정한 사항 및 그 밖에 필요한 사항은 금융위원회가 정하여 고시한다.

제25조(지정대리인에 대한 업무위탁) ① 금융위원회는 혁신금융서비

스의 시범 운영을 위하여 금융회사의 업무위탁(금융회사가 인·허가 등을 받은 금융업을 영위하기 위하여 제3자의 용역 또는 시설 등을 계속적으로 활용하는 행위를 말한다)을 받아 처리할 수 있는 자(이하 "지정대리인"이라 한다)를 지정할 수 있다.

② 혁신금융서비스를 제공하려는 제5조제1항제1호 또는 제2호에 해당하는 자는 금융위원회에 제1항에 따른 지정대리인 지정 신청을 할 수 있다.

③ 금융위원회는 지정대리인을 지정할 때 다음 각 호의 기준을 고려하여야 한다.

1. 제13조제4항제1호부터 제3호까지의 기준 충족 여부

2. 해당 혁신금융서비스를 업무위탁 이외의 방법으로 수행하는 것이 가능한지 여부

3. 업무위탁을 받아 혁신금융서비스를 시범 운영할 수 있는 준비가 되어 있는지 여부

4. 업무위탁으로 인하여 해당 금융회사의 건전성 또는 신인도를 저해하거나 금융질서의 문란 또는 이용자의 피해 발생이 우려되는지 여부

④ 금융회사는 제1항에 따른 지정대리인에게 혁신금융서비스의 시범 운영을 위해 필요한 범위 내에서 업무위탁을 할 수 있고, 업무위탁 계약을 체결할 경우 그 사실을 금융위원회에 보고하여야 한다. 이 경우 업무위탁 기간은 2년 이내로 한다.

⑤ 금융회사는 제4항에 따른 업무위탁을 체계적으로 관리하기 위하여 업무위탁 운영기준을 마련하고 이를 준수하여야 한다.

⑥ 제1항에 따른 지정대리인 지정 절차, 제4항 전단에 따른 보고 및 제5항에 따른 업무위탁 운영기준과 관련된 사항은 금융위원회가 정하여 고시한다.

제26조(혁신금융서비스에 대한 지원) ① 정부는 혁신금융서비스의 개발과 발전을 촉진하기 위하여 혁신금융서비스 지원기관의 운영·유지에 필요한 비용의 전부 또는 일부를 출연 또는 보조할 수 있다.

② 제1항에 따른 출연금 또는 보조금의 지급 기준이나 그 밖에 필요한 사항은 대통령령으로 정한다.

③ 국가 또는 지방자치단체는 혁신금융서비스 지원기관의 운영을 위하여 필요할 때에는 국유·공유재산을 혁신금융서비스 지원기관에 무상으로 대여할 수 있다.

제6장 보칙

제27조(손해배상) ① 혁신금융사업자는 혁신금융서비스의 제공 및 중단 등으로 인하여 이용자에게 손해가 발생한 경우 이를 배상할 책임이 있다. 다만, 혁신금융사업자가 고의 또는 과실이 없음을 입증한 경우에는 그러하지 아니하다.

② 혁신금융사업자는 제1항에 따른 손해배상책임의 이행을 위하여 책임보험에 가입하여야 한다. 다만, 혁신금융사업자가 책임보험에 가입할 수 없는 경우에는 금융위원회와 별도 협의를 거쳐 규제 적용의 특례로 발생할 수 있는 인적·물적 손해에 대한 배상방안을 마련하여야 하며, 그 배상방안에는 대통령령에서 정한 배상 방법, 기준 및 절차에 대한 사항을 포함하여야 한다.

제28조(분쟁 처리 및 조정) ① 혁신금융사업자는 대통령령으로 정하는 바에 따라 혁신금융서비스와 관련하여 이용자 및 그 밖의 이해관계자(이하 "이용자등"이라 한다)가 제기하는 정당한 의견이나 불만사항을 반영하고 이용자등이 혁신금융서비스로 인하여 입은 손해를 배상하기 위한 절차를 마련하여야 한다.

② 이용자등이 혁신금융서비스에 관하여 이의가 있을 때에는 제1항에서 정한 절차에 따라 혁신금융사업자에게 손해배상 등 분쟁처리를 요구하거나 금융감독원의 금융분쟁조정위원회에 분쟁조정을 신청할 수 있다.

③ 제1항 및 제2항에 따른 분쟁 처리 및 조정의 신청을 위한 구체적인 절차와 방법은 대통령령으로 정한다.

④ 혁신금융사업자가 이용자와 혁신금융서비스에 대한 계약을 체결하는 때에는 제1항 및 제3항에 따른 절차를 명시하여야 한다.

제29조(감독 및 검사) ① 금융감독원 및 금융관련법령에 따라 감독기관으로 지정된 기관(이하 "지정 감독기관"이라 한다)은 금융위원회 및 관련 행정기관의 지시를 받아 혁신금융사업자, 지정대리인 및 제25조제4항에 따라 지정대리인에 업무위탁을 한 금융회사(이하 "혁신금융사업자등"이라 한다)에 대하여 이 법(제17조제1항에 따른 규제 적용의 특례가 인정되는 금융관련법령 규정을 제외한 금융관련법령상 규정을 포함한다) 또는 이 법에 의한 명령의 준수 여부를 감독한다.

② 금융감독원장 및 지정 감독기관의 장은 제1항에 따른 감독을 위하여 필요한 때에는 혁신금융사업자등으로 하여금 그 업무 및 재

산 상황에 관한 보고를 하게 할 수 있다.

③ 금융감독원장 및 지정 감독기관의 장은 혁신금융사업자등의 업무 및 재산 상황을 검사하고, 검사를 위하여 필요하다고 인정할 때에는 혁신금융사업자등에 대하여 업무 및 재산 상황에 관한 자료의 제출, 관계자의 출석 및 의견의 진술을 요구할 수 있다.

④ 제3항에 따라 검사를 하는 사람은 그 권한을 표시하는 증표를 지니고 이를 관계자에게 내보여야 한다.

⑤ 금융감독원장 및 지정 감독기관의 장은 제3항에 따른 검사 결과 제7조에 따른 지정취소 사유가 있거나 제11조에 따른 중지명령 또는 변경결정이 필요하다고 인정되는 경우 금융위원회에 해당 조치를 건의하여야 한다.

⑥ 「금융위원회의 설치 등에 관한 법률」상 검사 대상 기관인 혁신금융사업자등에 대해서는 자료제출 등의 중복을 피하기 위해 필요한 범위 내에서 제3항을 제한적으로 적용할 수 있다.

제30조(면책) 혁신금융심사위원회 위원, 금융위원회와 관련 행정기관 소속 공무원, 금융감독원 및 지정 감독기관 소속 임직원은 이 법에 따른 업무를 고의 또는 중대한 과실 없이 적극적이고 능동적으로 처리한 경우 불이익한 처분을 당하지 아니한다. 다만, 사적 이익을 추구하거나 부당한 청탁을 받아 혁신금융사업자 또는 이해관계가 있는 개인, 기관, 단체에 특혜를 준 경우에는 그러하지 아니하다.

제31조(권한 등의 위탁) 제4조부터 제8조까지, 제10조, 제10조의2, 제11조, 제13조부터 제15조까지, 제18조, 제21조부터 제25조까지 및 제27조에 따른 금융위원회의 권한과 업무는 대통령령으로 정하

는 바에 따라 그 일부를 금융감독원장에게 위탁할 수 있다. 〈개정 2021. 4. 20.〉

제32조(벌칙 적용에서 공무원 의제) 혁신금융심사위원회 위원으로서 공무원이 아닌 사람과 금융감독원의 직원은 「형법」이나 그 밖의 법률에 따른 벌칙을 적용할 때에는 공무원으로 본다.

제7장 벌칙

제33조(벌칙) 제7조제1항제1호에 해당하는 자는 5년 이하의 징역 또는 2억원 이하의 벌금에 처한다.

제34조(양벌규정) 법인의 대표자나 법인의 대리인, 사용인, 그 밖의 종업원이 그 법인의 업무에 관하여 제33조의 위반행위를 한 경우에는 행위자를 벌하는 외에 그 법인에 대하여도 해당 조문의 벌금형을 과한다. 다만, 법인이 그 위반행위를 방지하기 위하여 해당 업무에 관하여 상당한 주의와 감독을 다한 경우에는 그러하지 아니하다.

제35조(과태료) ① 다음 각 호의 어느 하나에 해당하는 자에게는 1억원 이하의 과태료를 부과한다.

1. 제9조제2항을 위반한 자
2. 제11조제1항의 중지명령을 이행하지 아니하거나 변경결정에 따르지 아니하는 자
3. 제12조를 위반한 자
4. 제18조제1항제1호 또는 제2호를 위반한 자
5. 제19조제1항을 위반한 자
6. 제20조제1항 또는 제2항을 위반한 자

② 다음 각 호의 어느 하나에 해당하는 자에게는 1천만원 이하의 과태료를 부과한다. 〈개정 2021. 4. 20.〉

1. 제7조제1항 본문의 시정명령을 이행하지 아니한 자

2. 제8조제3항을 위반한 자

3. 제11조제2항에 따른 협의를 하지 아니한 자

4. 제18조제1항제3호를 위반한 자

5. 제18조제2항, 제4항부터 제6항까지의 규정에 따른 보고의무를 이행하지 아니하거나 거짓으로 보고한 자

6. 제18조제7항을 위반한 자

7. 제23조제4항의 시정 또는 중지 명령을 이행하지 아니한 자

8. 제25조제4항 또는 제5항을 위반한 자

9. 제27조제2항을 위반하여 책임보험에 가입하지 아니하거나 배상방안을 마련하지 아니한 자

10. 제28조제1항 또는 제4항을 위반한 자

11. 제29조제3항에 따른 검사를 거부·방해 또는 기피한 자

③ 제1항부터 제2항까지에 따른 과태료는 대통령령으로 정하는 바에 따라 금융위원회 또는 관련 행정기관이 부과·징수한다.

부칙 〈제16183호, 2018. 12. 31.〉

이 법은 공포 후 3개월이 경과한 날부터 시행한다.

부칙 〈제18117호, 2021. 4. 20.〉

제1조(시행일) 이 법은 공포 후 3개월이 경과한 날부터 시행한다.

다만, 별표의 개정규정은 공포한 날부터 시행한다.

제2조(규제 개선의 요청 등에 대한 적용례) 제10조의2의 개정규정은 이 법 시행 당시 혁신금융서비스로 지정된 경우에도 적용한다.

별표 / 서식

[별표] 금융 관계 법률(제2조제1호 관련)

**개정 예정 법률 밑줄 별도 표시.

금융혁신지원 특별법 시행령
(약칭: 금융혁신법 시행령)

[시행 2022. 12. 20.] [대통령령 제33112호, 2022. 12. 20., 타법개정]

제1조(목적) 이 영은 「금융혁신지원 특별법」에서 위임된 사항과 그 시행에 필요한 사항을 규정함을 목적으로 한다.

제2조(금융관련법령의 범위) 「금융혁신지원 특별법」(이하 "법"이라 한다) 제2조제1호에서 "대통령령으로 정하는 법령"이란 다음 각 호의 어느 하나에 해당하는 것을 말한다. 〈개정 2022. 2. 17., 2022. 8. 23.〉

1. 다음 각 목의 어느 하나에 해당하는 법률
    가. 「한국자산관리공사 설립 등에 관한 법률」
    나. 「기술보증기금법」
    다. 「농림수산업자 신용보증법」
    라. 「무역보험법」
    마. 「벤처투자 촉진에 관한 법률」
    바. 「신용보증기금법」
    사. 「예금자보호법」
    아. 삭제 〈2022. 8. 23.〉

자. 「한국주택금융공사법」

2. 법 별표에 따른 법률 또는 제1호 각 목의 법률에서 위임한 사항이나 그 시행에 필요한 사항을 규정하는 대통령령, 총리령 또는 부령

3. 법 별표에 따른 법률, 제1호 각 목의 법률 또는 제2호에 따른 법령에서 위임한 사항이나 그 시행에 필요한 사항을 정한 행정규칙, 그 밖에 행정기관에 권한을 부여한 모든 규정

제3조(금융업의 범위) 법 제2조제2호에서 "대통령령으로 정하는 업무"란 다음 각 호의 어느 하나에 해당하는 업무를 말한다.

1. 법 제2조제2호에 따른 금융 및 보험업(이하 "금융 및 보험업"이라 한다)을 영위하는 회사에 대한 전산·정보처리 등 용역의 제공

2. 금융 및 보험업을 영위하는 회사가 보유한 자산의 관리

3. 금융 및 보험업과 관련된 조사·연구

4. 그 밖에 금융 및 보험업을 영위하는 회사의 고유업무와 직접적인 관련이 있거나 금융 및 보험업을 영위하는 회사의 효율적인 업무수행을 위하여 필요한 업무로서 금융위원회가 정하여 고시하는 업무

제4조(금융회사등의 범위) 법 제2조제3호너목에서 "개별 법률에 따라 설립되어 금융업을 영위하는 공사 및 기금 등 대통령령으로 정하는 기관"이란 다음 각 호의 어느 하나에 해당하는 기관을 말한다. 〈개정 2022. 2. 17.〉

1. 「한국자산관리공사 설립 등에 관한 법률」에 따른 한국자산관리공사

2. 「기술보증기금법」에 따른 기술보증기금

3. 「농림수산업자 신용보증법」에 따른 농림수산업자 신용보증기금

4. 「신용보증기금법」에 따른 신용보증기금

5. 「예금자보호법」에 따른 예금보험공사

6. 「자본시장과 금융투자업에 관한 법률」 제294조에 따른 한국예탁결제원 및 같은 법 제373조의2에 따라 허가를 받은 거래소

7. 「한국주택금융공사법」에 따른 한국주택금융공사

8. 금융 관련 업무를 수행하는 자로서 「민법」 제32조에 따라 금융위원회의 허가를 받아 설립된 비영리법인

9. 금융관련법령에 따라 설립된 협회

10. 그 밖에 법 제13조에 따른 혁신금융심사위원회(이하 "혁신금융심사위원회"라 한다)의 심사를 거쳐 금융위원회가 인정하는 기관

제5조(혁신금융심사위원회의 구성 및 운영) ① 법 제13조제3항 각 호 외의 부분에서 "대통령령으로 정하는 사람"이란 「금융위원회의 설치 등에 관한 법률」 제4조제2항에 따른 금융위원회 부위원장을 말한다.

② 법 제13조제3항제6호에서 "대통령령으로 정하는 사람"이란 다음 각 호의 어느 하나에 해당하는 사람을 말한다.

1. 「금융위원회의 설치 등에 관한 법률」 제29조제3항에 따른 금융감독원의 부원장으로서 같은 조 제2항에 따른 금융감독원의 원장(이하 "금융감독원장"이라 한다)이 지명하는 사람

2. 법 제26조제1항에 따른 혁신금융서비스 지원기관의 장

③ 법 제13조제3항제2호부터 제5호까지의 규정에 해당하는 위원

(이하 “위촉위원”이라 한다)의 임기는 2년으로 하며, 한 차례만 연임할 수 있다.

④ 위촉위원은 임기가 만료된 경우에도 후임자가 위촉될 때까지 그 직무를 수행할 수 있다.

⑤ 혁신금융심사위원회의 회의는 재적위원 과반수의 출석으로 개의(開議)하고, 출석위원 과반수의 찬성으로 의결한다.

⑥ 법 제13조제3항제1호에 해당하는 위원이 부득이한 사유로 혁신금융심사위원회 회의에 출석하지 못할 때에는 해당 기관 소속 공무원이 대리하여 출석할 수 있다. 이 경우 대리출석한 공무원은 회의에서 발언하거나 표결에 참가할 수 있다.

⑦ 혁신금융심사위원회의 회의에 출석한 위원과 관계 공무원 및 관계 전문가에게는 예산의 범위에서 수당, 여비 및 그 밖에 필요한 경비를 지급할 수 있다. 다만, 공무원이 그 소관 업무와 직접 관련되어 위원회에 출석하는 경우에는 그렇지 않다.

⑧ 제1항부터 제7항까지에서 규정한 사항 외에 혁신금융심사위원회의 구성 및 운영에 필요한 사항은 금융위원회가 정하여 고시한다.

제6조(위원의 제척 · 기피 · 회피 · 해촉) ① 혁신금융심사위원회의 위원이 다음 각 호의 어느 하나에 해당하는 경우에는 해당 안건의 심사 · 의결에서 제척(除斥)된다.

1. 위원이나 그의 배우자 또는 배우자였던 사람이 해당 안건의 당사자(당사자가 법인 · 단체 등인 경우에는 그 임원을 포함한다. 이하 이 호 및 제2호에서 같다)가 되거나 그 안건의 당사자와 공동권리자 또는 공동의무자인 경우

2. 위원이 해당 안건의 당사자와 친족이거나 친족이었던 경우

3. 위원이 최근 3년 이내에 해당 안건의 당사자가 속한 법인·단체 등에 재직한 경우

4. 위원이나 위원이 속한 법인·단체 등이 해당 안건의 당사자의 대리인이거나 대리인이었던 경우

② 해당 안건의 당사자는 위원에게 공정한 심사·의결을 기대하기 어려운 사정이 있는 경우에는 혁신금융심사위원회에 해당 위원에 대한 기피(忌避)를 신청할 수 있고, 혁신금융심사위원회는 의결로 기피 여부를 결정해야 한다. 이 경우 기피 신청의 대상인 위원은 그 의결에 참여할 수 없다.

③ 위원이 제1항 각 호의 제척 사유에 해당하는 경우에는 스스로 해당 안건의 심사·의결에서 회피(回避)해야 한다.

④ 금융위원회 위원장은 위촉위원이 다음 각 호의 어느 하나에 해당하는 경우에는 해당 위원을 해촉(解囑)할 수 있다.

1. 심신장애로 직무를 수행할 수 없게 된 경우

2. 직무와 관련된 비위 사실이 있는 경우

3. 직무태만, 품위손상이나 그 밖의 사유로 위원으로 적합하지 않다고 인정되는 경우

4. 위원 스스로 직무를 수행하기 어렵다는 의사를 밝히는 경우

5. 위원이 제1항 각 호의 제척 사유에 해당함에도 불구하고 회피하지 않은 경우

제7조(혁신금융서비스에 대한 지원) ① 법 제26조제1항에 따른 출연금 또는 보조금을 받으려는 자는 금융위원회가 정하여 고시하는

바에 따라 신청서를 작성하고 사업계획서와 예산집행계획서를 첨부하여 금융위원회에 제출해야 한다.

② 제1항에 따른 신청을 받은 금융위원회는 다음 각 호의 기준을 모두 충족하는 경우 신청자에게 출연금 또는 보조금을 지급할 수 있다.

1. 신청자가 혁신금융서비스의 개발 및 발전과 관련성이 높은 기관으로서 「민법」 제32조에 따라 금융위원회의 허가를 받아 설립된 비영리법인이거나 이와 유사한 역할을 수행하는 자로서 금융위원회가 필요하다고 인정하는 자일 것

2. 사업계획 및 예산집행계획이 타당할 것

③ 제2항에 따라 출연금 또는 보조금을 받은 법 제26조에 따른 혁신금융서비스 지원기관(이하 "혁신금융서비스 지원기관"이라 한다)은 출연금 또는 보조금을 받은 목적 외의 용도로 사용해서는 안 된다.

④ 금융위원회는 혁신금융서비스 지원기관이 정당한 사유 없이 출연금 또는 보조금을 목적 외의 용도로 사용한 경우에는 출연금 또는 보조금의 전부 또는 일부를 회수할 수 있다.

⑤ 금융위원회는 출연금 또는 보조금 운영 업무의 지도·감독을 위하여 혁신금융서비스 지원기관에 출연금 또는 보조금에 관한 업무·회계 및 재산 등의 보고 또는 필요한 자료의 제출을 요구할 수 있다.

제8조(책임보험에 가입할 수 없는 경우의 손해배상) ① 혁신금융사업자는 법 제27조제2항 단서에 따라 책임보험에 가입할 수 없는 경우에는 다음 각 호의 자료를 금융위원회에 제출하고 혁신금융서비스를

제공하기 전까지 금융위원회와 협의하여 배상방안을 마련해야 한다.

1. 책임보험에 가입할 수 없는 사유서

2. 이용자에게 손해가 발생할 경우의 손해배상 방법·기준 및 절차를 포함한 이용자 손해배상계획서

② 혁신금융사업자는 제1항제2호에 따른 이용자 손해배상계획서의 배상금액을 산정하는 경우 손해의 정도, 서비스 제공 기간 및 서비스의 성격 등을 고려해야 한다.

③ 혁신금융사업자는 다음 각 호의 어느 하나에 해당하는 경우에는 해당 이용자에게 책임보험 가입 여부 또는 제1항제2호에 따른 손해배상계획서의 내용을 안내해야 하고, 제2호에 해당하는 경우에는 손해배상 신청을 받은 사실을 지체 없이 금융위원회에 보고해야 한다.

1. 이용자와 혁신금융서비스 제공에 대한 계약을 체결한 경우

2. 혁신금융서비스의 제공 및 중단 등으로 인해 손해를 입은 이용자로부터 손해배상 신청을 받은 경우

제9조(분쟁 처리 및 조정의 신청 절차 등) ① 혁신금융사업자는 법 제28조제1항에 따른 손해배상 등 분쟁 처리를 위하여 분쟁처리 책임자 및 담당자를 지정하고, 그의 연락처(전화번호·팩스번호 및 전자우편주소 등을 말한다)를 인터넷 등을 통하여 이용자 및 그 밖의 이해관계자(이하 "이용자등"이라 한다)에게 알려야 한다.

② 이용자등은 서면 또는 인터넷 등을 통하여 혁신금융사업자의 본점이나 영업점에 법 제28조제1항에 따른 손해배상 등 분쟁 처리를 신청할 수 있다.

③ 제2항에 따라 분쟁 처리 신청을 받은 혁신금융사업자는 30일 이내에 분쟁 처리에 대한 조사 또는 처리 결과를 이용자등에게 알려야 한다.

④ 법 제28조제2항에 따른 분쟁조정의 신청 등에 관하여는 「금융소비자 보호에 관한 법률」 제33조부터 제43조까지의 규정에 따른다. 〈개정 2021. 3. 23.〉

제10조(권한 등의 위탁) ① 금융위원회는 법 제31조에 따라 별표 1에 따른 권한과 업무를 금융감독원장에게 위탁한다.

② 금융감독원장은 제1항에 따라 위탁받은 업무의 처리내용을 6개월마다 금융위원회에 보고해야 한다. 다만, 금융위원회는 금융위원회가 정하여 고시하는 경우에 대해서는 보고의 주기를 달리 정할 수 있다.

제11조(민감정보 및 고유식별정보의 처리) ① 금융위원회, 법 제4조제1항에 따른 관련 행정기관, 혁신금융심사위원회, 법 제24조제3항에 따른 다른 행정기관, 법 제29조제1항에 따른 지정 감독기관 또는 금융감독원장은 다음 각 호의 사무를 수행하기 위하여 불가피한 경우 「개인정보 보호법 시행령」 제18조제2호에 따른 범죄경력자료에 해당하는 정보, 같은 영 제19조제1호 또는 제4호에 따른 주민등록번호 또는 외국인등록번호가 포함된 자료를 처리할 수 있다. 다만, 제4호 및 제13호의 사무의 경우에는 「개인정보 보호법 시행령」 제18조제2호에 따른 범죄경력자료에 해당하는 정보는 제외한다. 〈개정 2022. 12. 20.〉

1. 법 제4조에 따른 혁신금융서비스 지정

2. 법 제5조에 따른 혁신금융서비스 지정 신청서 등의 제출

3. 법 제7조에 따른 혁신금융서비스 지정 취소

4. 법 제8조에 따른 혁신금융서비스 지정 철회 등

5. 법 제10조에 따른 지정기간 연장

6. 법 제11조에 따른 혁신금융서비스의 중지명령 및 변경결정 등

7. 법 제13조에 따른 혁신금융서비스 지정 신청 심사 등

8. 법 제15조에 따른 의견청취 등에 관한 사무

9. 법 제18조에 따른 초기보고서, 중간보고서, 최종보고서의 제출, 보고 등

10. 법 제21조에 따른 혁신금융사업자의 인·허가 등의 신청 등

11. 법 제22조에 따른 혁신금융사업자의 합병 등

12. 법 제23조에 따른 배타적 운영권 보호 조치 등

13. 법 제24조에 따른 규제 신속 확인

14. 법 제25조에 따른 지정대리인 지정

15. 법 제27조제2항 단서에 따른 배상방안 협의 등

16. 법 제28조에 따른 분쟁처리 및 분쟁조정

17. 법 제29조에 따른 감독, 검사 및 보고 요구 등

② 혁신금융사업자는 다음 각 호의 사무를 수행하기 위하여 불가피한 경우 「개인정보 보호법 시행령」 제19조제1호 또는 제4호에 따른 주민등록번호 또는 외국인등록번호가 포함된 자료를 처리할 수 있다.

1. 법 제8조제3항에 따른 이용자 동의 수령

2. 법 제20조에 따른 위험 고지 및 동의 수령

3. 법 제27조에 따른 손해배상

4. 법 제28조에 따른 분쟁처리 및 분쟁조정

제12조(과태료의 부과기준) 법 제35조제1항 및 제2항에 따른 과태료의 부과기준은 별표 2와 같다.

부칙 〈제29668호, 2019. 3. 26.〉

제1조(시행일) 이 영은 2019년 4월 1일부터 시행한다.

제2조(다른 법령의 개정) 금융회사의 지배구조에 관한 법률 시행령 일부를 다음과 같이 개정한다.

제5조에 제7호의2를 다음과 같이 신설한다.

7의2. 「금융혁신지원 특별법」

부칙 〈제31553호, 2021. 3. 23.〉 (금융소비자 보호에 관한 법률 시행령)

제1조(시행일) 이 영은 2021년 3월 25일부터 시행한다. 〈단서 생략〉

제2조(다른 법령의 개정) ① 및 ② 생략

③ 금융혁신지원 특별법 시행령 일부를 다음과 같이 개정한다.

제9조제4항 중 "「금융위원회의 설치 등에 관한 법률」 제51조부터 제53조까지, 제53조의2 및 제54조부터 제57조까지"를 "「금융소비자 보호에 관한 법률」 제33조부터 제43조까지"로 한다.

④부터 ㉒까지 생략

부칙 〈제32449호, 2022. 2. 17.〉 (한국자산관리공사 설립 등에 관한 법률 시행령)

제1조(시행일) 이 영은 2022년 2월 18일부터 시행한다.

제2조(다른 법령의 개정) ①부터 ⑮까지 생략

⑯ 금융혁신지원 특별법 시행령 일부를 다음과 같이 개정한다.

제2조제1호가목을 다음과 같이 한다.

가. 「한국자산관리공사 설립 등에 관한 법률」

제4조제1호 중 "「금융회사부실자산 등의 효율적 처리 및 한국자산관리공사의 설립에 관한 법률」"을 "「한국자산관리공사 설립 등에 관한 법률」"로 한다.

⑰부터 〈55〉까지 생략

제3조 생략

부칙 〈제32881호, 2022. 8. 23.〉 (벤처투자 촉진에 관한 법률 시행령)

제1조(시행일) 이 영은 공포한 날부터 시행한다.

제2조 및 제3조 생략

제4조(다른 법령의 개정) ① 및 ② 생략

③ 금융혁신지원 특별법 시행령 일부를 다음과 같이 개정한다.

제2조제1호마목을 다음과 같이 하고, 같은 호 아목을 삭제한다.

마. 「벤처투자 촉진에 관한 법률」

④부터 ⑫까지 생략

부칙 〈제33112호, 2022. 12. 20.〉 (개인정보 침해요인 개선을 위한 49개 법령의 일부개정에 관한 대통령령)

이 영은 공포한 날부터 시행한다.

별표 / 서식

[별표 1] 금융위원회가 금융감독원장에게 위탁하는 권한과 업무의 범위(제10조제1항 관련)

[별표 2] 과태료의 부과기준(제12조 관련)

대한민국 법령 시리즈 436

금융혁신지원 특별법
(약칭 : 금융혁신법)

법 령 / 시 행 령

2023년 1월 11일 인쇄 정가 7,000원
2023년 1월 25일 발행

편 저 편집부
디 자 인 송영미
발 행 인 조준형 http://www.hgbookpub.com
발 행 처 해광출판사 E-mail : munbookcokr@naver.com
주 소 부산광역시 중구 해관로 41-1 (중앙동2가)
전화번호 (051) 253-0001 팩스 (051) 245-1187
등 록 제 2012-000005호

해광출판사에서는 여러분의 소중한 원고와 함께 할 기회를 기다리고 있습니다. 책으로 엮을 원고나 아이디어가 있으신 분들은 이메일 munbookcokr@naver.com 로 책에 대한 간단한 개요와 원고 전체 또는 일부를 연락처와 함께 보내주십시오.

ISBN 979-11-6881-310-6

※ 법령 출처 : 법제처 국가법령정보센터
※ 본 도서는 〈공공데이터 제공 및 이용 활성화에 관한 법률〉을 근거로 출판되었습니다.

해광출판사 법령 시리즈

001. 선원법
002. 어선법
003. 선박직원법
004. 해사안전법
005. 해양환경관리법
006. 선박의 입항 및 출항등에 관한 법률
007. 학교안전사고예방 및 보상에 관한 법률
008. 종합부동산세법
009. 방위사업법
010. 행정규제기본법
011. 식품산업진흥법
012. 위험물안전관리법
013. 화재예방, 소방시설 설치·유지 및 안전관리에 관한 법률
014. 도시가스사업법
015. 실내공기질관리법
016. 지방세법
017. 소득세법
018. 법인세법
019. 도선법
020. 선박안전법
021. 선박법
022. 수산업법
023. 고압가스안전관리법
024. 국민연금법
025. 공동주택관리법
026. 화학물질관리법
027. 어선원 및 어선 재해보상보험법
028. 장기등 이식에 관한 법률
029. 자연재해대책법
030. 공유재산 및 물품 관리법
031. 산업입지 및 개발에 관한 법률
032. 부정경쟁방지 및 영업비밀보호에 관한 법률
033. 금융지주회사법
034. 온실가스 배출권의 할당 및 거래에 관한 법률
035. 건축사법
036. 산림문화휴양에 관한 법률
037. 전기사업법
038. 사립학교법
039. 고등교육법
040. 액화석유가스의 안전관리 및 사업법
041. 선박투자회사법
042. 수산자원관리법
043. 위험물선박운송및저장규칙
044. 선박평형수관리법
045. 주택임대차보호법
046. 상가건물임대차보호법
047. 지방공기업법
048. 승강기안전관리법
049. 수목원·정원의 조성 및 진흥에 관한 법률
050. 민법
051. 치료감호 등에 관한 법률
052. 대부업 등의 등록 및 금융이용자 보호에 관한 법률
053. 사료관리법
054. 무형문화재 보전 및 진흥에 관한 법률
055. 총포·도검·화약류 등의 안전관리에 관한 법률
056. 경찰관직무집행법
057. 시설물의 안전 및 유지관리에 관한 특별법
058. 수산생물질병 관리법
059. 소비자기본법
060. 국제선박등록법
061. 정보통신망 이용촉진 및 정보보호 등에 관한 법률
062. 해운법
063. 농수산물 품질관리법
064. 수산업협동조합법
065. 해외건설촉진법
066. 수상레저안전법
067. 공무원재해보상법
068. 수상에서의 수색·구조 등에 관한 법률
069. 어촌어항법
070. 항만법
071. 항만운송사업법
072. 해양경비법
073. 해양사고의 조사 및 심판에 관한 법률
074. 외국인근로자의 고용 등에 관한 법률
075. 중소기업기본법
076. 자유무역지역의 지정 및 운영에 관한 법률
077. 대기환경보전법
078. 소음진동관리법
079. 폐기물관리법
080. 하수도법
081. 물환경보전법
082. 토양환경보전법
083. 환경정책기본법
084. 산업재해보상보험법
085. 관세법
086. 노동조합 및 노동관계조정법
087. 근로기준법
088. 군인연금법
089. 먹는물관리법
090. 기술보증기금법
091. 관광진흥법
092. 감염병의 예방 및 관리에 관한 법률
093. 사법경찰관리의 직무를 수행할 자와 그 직무범위에 관한 법률
094. 수의사법
095. 가정폭력방지 및 피해자보호 등에 관한 법률
096. 환경영향평가법
097. 체육시설의 설치 · 이용에 관한 법률
098. 장사 등에 관한 법률
099. 상호저축은행법
100. 은행법
101. 보호관찰 등에 관한 법률
102. 형법
103. 자동차관리법
104. 형사소송법
105. 전자금융거래법
106. 마약류 불법거래 방지에 관한 특례법
107. 도로법
108. 주세법
109. 변리사법
110. 하천법
111. 중소기업진흥에 관한 법률
112. 발달장애인 권리보장 및 지원에 관한 법률
113. 주택법
114. 장애인복지법
115. 농어업경영체 육성 및 지원에 관한 법률
116. 공인중개사법
117. 건강기능식품에 관한 법률
118. 예비군법
119. 개발제한구역의 지정 및 관리에 관한 특별조치법
120. 국유재산법
121. 주차장법
122. 환경기술 및 환경산업 지원법
123. 대기관리권역의 대기환경개선에 관한 특별법
124. 악취방지법
125. 미세먼지 저감 및 관리에 관한 특별법
126. 가축분뇨의 관리 및 이용에 관한 법률
127. 물의 재이용 촉진 및 지원에 관한 법률
128. 물관리기본법
129. 물관리기술 발전 및 물산업 진흥에 관한 법률
130. 자원의 절약과 재활용촉진에 관한 법률
131. 전기 · 전자제품 및 자동차의 자원순환에 관한 법률
132. 건설폐기물의 재활용촉진에 관한 법률
133. 수도권매립지관리공사의 설립 및 운영 등에 관한 법률
134. 폐기물의 국가 간 이동 및 그 처리에 관한 법률
135. 폐기물처리시설 설치촉진 및 주변지역지원 등에 관한 법률
136. 자원순환기본법
137. 잔류성오염물질 관리법
138. 환경분쟁 조정법

해광출판사 법령 시리즈

139. 화학물질의 등록 및 평가 등에 관한 법률
140. 환경오염시설의 통합관리에 관한 법률
141. 환경오염피해 배상책임 및 구제에 관한 법률
142. 중소기업제품 구매촉진 및 판로지원에 관한 법률
143. 환경개선비용 부담법
144. 환경분야 시험·검사 등에 관한 법률
145. 환경친화적 산업구조로의 전환촉진에 관한 법률
146. 환경친화적 자동차의 개발 및 보급 촉진에 관한 법률
147. 환경범죄 등의 단속 및 가중처벌에 관한 법률
148. 생명윤리 및 안전에 관한 법률
149. 장애인차별금지 및 권리구제 등에 관한 법률
150. 부동산투자회사법
151. 정치자금법
152. 과학기술기본법
153. 대리점거래의 공정화에 관한 법률
154. 상속세 및 증여세법
155. 학원의 설립 · 운영 및 과외교습에 관한 법률
156. 해양심층수의 개발 및 관리에 관한 법률
157. 전기용품 및 생활용품 안전관리법
158. 사회기반시설에 대한 민간투자법
159. 공직선거법
160. 정당법
161. 유류오염손해배상 보장법
162. 부정청탁 및 금품등 수수의 금지에 관한 법률
163. 항로표지법
164. 어장관리법
165. 민방위기본법
166. 공직자윤리법
167. 선거관리위원회법
168. 유선 및 도선 사업법
169. 전기공사업법
170. 사회복지사업법
171. 택지개발촉진법
172. 국가공무원법
173. 민간임대주택에 관한 특별법
174. 어음법·수표법
175. 민사집행법
176. 상법
177. 문화예술진흥법
178. 중소기업협동조합법
179. 농업협동조합법
180. 도로교통법
181. 의료사고 피해구제 및 의료분쟁 조정 등에 관한 법률
182. 산림보호법
183. 소년법
184. 동물보호법
185. 건축물관리법
186. 도시개발법
187. 화물자동차 운수사업법
188. 도시 및 주거환경정비법
189. 의료법
190. 국회법
191. 응급의료에 관한 법률
192. 출입국관리법
193. 노인복지법
194. 산림자원의 조성 및 관리에 관한 법률
195. 청소년 보호법
196. 초 · 중등교육법
197. 혁신도시 조성 및 발전에 관한 특별법
198. 경제자유구역의 지정 및 운영에 관한 특별법
199. 공공기관의 운영에 관한 법률
200. 대한민국헌법
201. 국민기초생활 보장법
202. 저작권법
203. 가사소송법
204. 국가유공자 등 예우 및 지원에 관한 법률
205. 국민체육진흥법
206. 전통주 등의 산업진흥에 관한 법률
207. 재난 및 안전관리 기본법
208. 정보통신공사업법
209. 주식회사 등의 외부감사에 관한 법률
210. 공익사업을 위한 토지 등의 취득 및 보상에 관한 법률
211. 개인정보 보호법
212. 국세기본법
213. 에너지이용 합리화법
214. 감정평가 및 감정평가사에 관한 법률
215. 국가인권위원회법
216. 가맹사업거래의 공정화에 관한 법률
217. 보건의료기본법
218. 산업안전보건법
219. 법무사법
220. 교육공무원법
221. 특허법
222. 민사소송법
223. 아동복지법
224. 전파법
225. 하도급거래 공정화에 관한 법률
226. 기초연금법
227. 사립학교교직원 연금법
228. 직업안정법
229. 장애아동 복지지원법
230. 부동산등기법
231. 자동차손해배상 보장법
232. 철도안전법
233. 항공안전법
234. 전자상거래 등에서의 소비자보호에 관한 법률
235. 독점규제 및 공정거래에 관한 법률
236. 상표법
237. 채무자 회생 및 파산에 관한 법률
238. 공무원연금법
239. 축산법
240. 근로복지기본법
241. 민원 처리에 관한 법률
242. 약사법
243. 방문판매 등에 관한 법률
244. 건축기본법
245. 지방세기본법
246. 지방세징수법
247. 지방자치법
248. 도시교통정비 촉진법
249. 공공주택 특별법
250. 국세징수법
251. 공인노무사법
252. 중대재해 처벌 등에 관한 법률
253. 외무공무원법
254. 소방시설공사업법
255. 검역법
256. 공중위생관리법
257. 할부거래에 관한 법률
258. 인터넷 멀티미디어 방송사업법
259. 전기통신사업법
260. 제품안전기본법
261. 철도사업법
262. 어린이제품 안전 특별법
263. 영유아보육법
264. 원자력안전법
265. 보험업법
266. 경비업법
267. 교통안전법
268. 세무사법
269. 관세사법
270. 공인회계사법
271. 지방공무원법
272. 고용정책 기본법
273. 국가경찰과 자치경찰의 조직 및 운영에 관한 법률
274. 협동조합 기본법
275. 재해구호법
276. 환경보건법

해광출판사 **법령 시리즈**

277. 자살예방 및 생명존중문화 조성을 위한 법률
278. 소방산업의 진흥에 관한 법률
279. 소방기본법
280. 비송사건절차법
281. 자연환경보전법
282. 변호사법
283. 기업구조조정투자회사법
284. 전기통신기본법
285. 에너지법
286. 해양생태계의 보전 및 관리에 관한 법률
287. 사회보장기본법
288. 통신비밀보호법
289. 공증인법
290. 물류시설의 개발 및 운영에 관한 법률
291. 청소년활동 진흥법
292. 형의 집행 및 수용자의 처우에 관한 법률
293. 도시공원 및 녹지 등에 관한 법률
294. 태권도 진흥 및 태권도공원 조성 등에 관한 법률
295. 녹색건축물 조성 지원법
296. 우편법
297. 예금자보호법
298. 건설산업기본법
299. 금융회사의 지배구조에 관한 법률
300. 장애인활동 지원에 관한 법률
301. 언론중재 및 피해구제 등에 관한 법률
302. 국가재정법
303. 농지법
304. 게임산업진흥에 관한 법률
305. 정신건강증진 및 정신질환자 복지서비스 지원에 관한 법률
306. 디자인보호법
307. 의료기사 등에 관한 법률
308. 스마트도시 조성 및 산업진흥 등에 관한 법률
309. 내수면어업법
310. 한국주택금융공사법
311. 의료기기법
312. 유통산업발전법
313. 전통시장 및 상점가 육성을 위한 특별법
314. 여신전문금융업법
315. 해외자원개발 사업법
316. 산업교육진흥 및 산학연협력촉진에 관한 법률
317. 빈집 및 소규모주택 정비에 관한 특례법
318. 기업도시개발 특별법
319. 전력기술관리법
320. 국토기본법
321. 지하수법
322. 식품위생법
323. 광업법
324. 호스피스·완화의료 및 임종과정에 있는 환자의 연명의료결정에 관한 법률
325. 주식·사채 등의 전자등록에 관한 법률
326. 표시·광고의 공정화에 관한 법률
327. 골재채취법
328. 국민건강증진법
329. 새마을금고법
330. 여객자동차 운수사업법
331. 마리나항만의 조성 및 관리 등에 관한 법률
332. 한부모가족지원법
333. 국가를 당사자로 하는 계약에 관한 법률
334. 지방자치단체를 당사자로 하는 계약에 관한 법률
335. 축산물 위생관리법
336. 병역법
337. 음악산업진흥에 관한 법률
338. 국가균형발전 특별법
339. 첨단재생의료 및 첨단바이오의약품 안전 및 지원에 관한 법률
340. 공간정보의 구축 및 관리 등에 관한 법률
341. 공유수면 관리 및 매립에 관한 법률
342. 농수산물 유통 및 가격안정에 관한 법률
343. 아시아문화중심도시 조성에 관한 특별법
344. 신탁법
345. 자연공원법
346. 생활화학제품 및 살생물제의 안전관리에 관한 법률
347. 군인사법
348. 국제조세조정에 관한 법률
349. 낙동강수계 물관리 및 주민지원 등에 관한 법률
350. 주민등록법
351. 집합건물의 소유 및 관리에 관한 법률
352. 집단에너지사업법
353. 산림조합법
354. 반도체집적회로의 배치설계에 관한 법률
355. 자본시장과 금융투자업에 관한 법률
356. 담보부사채신탁법
357. 근로자퇴직급여 보장법
358. 국제과학비즈니스벨트 조성 및 지원에 관한 특별법
359. 수도법
360. 식품 등의 표시·광고에 관한 법률
361. 약관의 규제에 관한 법률
362. 인삼산업법
363. 종자산업법
364. 항공사업법
365. 건설기계관리법
366. 군형법
367. 궤도운송법
368. 기술의 이전 및 사업화 촉진에 관한 법률
369. 농수산물의 원산지 표시 등에 관한 법률
370. 담배사업법
371. 석유 및 석유대체연료 사업법
372. 가축전염병 예방법
373. 농어촌정비법
374. 식물신품종 보호법
375. 항공보안법
376. 중소기업창업 지원법
377. 군사법원법
378. 우주개발 진흥법
379. 해저광물자원 개발법
380. 산림복지 진흥에 관한 법률
381. 지능형 로봇 개발 및 보급 촉진법
382. 헌법재판소법
383. 옥외광고물 등의 관리와 옥외광고산업 진흥에 관한 법률
384. 혈액관리법
385. 국제항해선박 등에 대한 해적행위 피해예방에 관한 법률
386. 유료도로법
387. 독립유공자예우에 관한 법률
388. 신에너지 및 재생에너지 개발·이용·보급 촉진법
389. 신용정보의 이용 및 보호에 관한 법률
390. 출판문화산업 진흥법
391. 공항시설법
392. 국민 평생 직업능력 개발법
393. 아동·청소년의 성보호에 관한 법률
394. 방송법쉬
395. 신용보증기금법
396. 화장품법
397. 청소년 기본법
398. 인터넷주소자원에 관한 법률
399. 양곡관리법
400. 도로명주소법
401. 전자문서 및 전자거래 기본법
402. 산업기술의 유출방지 및 보호에 관한 법률
403. 국가기술자격법
404. 양식산업발전법
405. 산업기술혁신 촉진법
406. 새만금사업 추진 및 지원에 관한 특별법
407. 전자정부법
408. 지역 개발 및 지원에 관한 법률
409. 한국농어촌공사 및 농지관리기금법
410. 계량에 관한 법률
411. 기업활동 규제완화에 관한 특별조치법
412. 군에서의 형의 집행 및 군수용자의 처우에 관한 법률

해광출판사 **법령 시리즈**

413. 규제자유특구 및 지역특화발전특구에 관한 규제특례법
414. 금융위원회의 설치 등에 관한 법률
415. 남녀고용평등과 일·가정 양립 지원에 관한 법률
416. 농어업인 삶의 질 향상 및 농어촌지역 개발촉진에 관한 특별법
417. 댐건설·관리 및 주변지역지원 등에 관한 법률
418. 문화재수리 등에 관한 법률
419. 법원조직법
420. 보훈보상대상자 지원에 관한 법률
421. 부패방지 및 국민권익위원회의 설치와 운영에 관한 법률
422. 과학기술분야 정부출연연구기관 등의 설립·운영 및 육성에 관한 법률
423. 연구개발특구의 육성에 관한 특별법
424. 친환경농어업 육성 및 유기식품 등의 관리·지원에 관한 법률
425. 연안관리법
426. 영화 및 비디오물의 진흥에 관한 법률
427. 신용협동조합법
428. 방송통신발전 기본법
429. 범죄피해자 보호법
430. 가축 및 축산물 이력관리에 관한 법률
431. 국가표준기본법
432. 국가통합교통체계효율화법
433. 범죄인 인도법
434. 국가과학기술 경쟁력 강화를 위한 이공계지원 특별법
435. 국제경기대회 지원법
436. 금융혁신지원 특별법